Ramona Roßbach

Es kam gerade Adebar, als Frosch in seinem Bade war

Heitere bis nachdenkliche Tiergedichte

Bibliographische Information der Deutschen Nationalbibliothek:
Die Deutsche Nationalbibliothek verzeichnet diese Publikation in der
Deutschen Nationalbibliographie; detaillierte bibliographische Daten sind
im Internet über http://dnb.dnb.de abrufbar.

© 2022 Ramona Roßbach
Herstellung und Verlag:
BoD – Books on Demand, Norderstedt

ISBN: 978-3-7557-2446-9

Inhalt

Von Kreisenden und Reisenden

Die Fliege

Die Fliege fliegt im Kreise
auf immer gleicher Reise
und her und hin,
ganz ohne Sinn,
der ihr den Ausweg weise.

Sie schwirrt da scheinbar unbeirrt,
wobei der Weg zum Ziel nicht führt,
lässt sich von mir nichts sagen.
Da kann ich mich nur fragen,
ob's ähnlich wohl mir gehen wird
auf meiner Lebensreise.

Käferreise

Ein Käfer an der Wand herging,
ein Kürbiskern mit Beinen,
so könnte man wohl meinen,
der in der Menschwelt sich verfing.

Er war nur klein, doch rührte mich,
ich öffnete das Fenster,
damit nicht mehr begrenzt war
sein künftig' Weg und meine Sicht.

Er ging gemächlich fensterwärts,
am Rahmen hielt er inne.
Was spürten seine Sinne?
Lag Zweifel, Freud' in seinem Herz?

Vielleicht er mehr verstand als ich
vom Leben, ahnend, weise,
begab sich auf die Reise
und ließ dabei zurück nun mich
voll Glück, so dankbar, leise.

Von Runden und Ecken und Schnecken-Verstecken

Schneckig-scheckig

Es war einmal ein Schneckenhaus,
das sah ganz schrecklich scheckig aus,
und bald kam eine Schnecke raus,
ganz langsam und bedacht.
Sie sah ganz anders als ihr Haus
so überhaupt nicht fleckig aus.
Da sagt' ich zu mir: „Eiderdaus!
Wenn man nur ging' vom Äußern aus,
hätt' Falsches man gedacht!"

Schneckenherz

Sachte, sachte, Schneckenherz,
bahnst du dir den Weg,
der dich stets führt segenwärts,
wo Geduld dich trägt.

Schneckenhaus

Schneckenhaus,
kleines Rund
aus Perfektion,
Kunst gewordner Augenblick
jenseits meiner Zeit.

Spaziergang im Sommer

den betörenden Duft schmecken
aus violetten Blütentrichtern

sich verlieren
im Muster eines Schneckenhauses

ganz behutsam
die Ameisenstraße kreuzen

und mit den Gräsern
den fein geäderten
zum Himmel wachsen

Vom Sinnen und Spinnen

Gespinn

Oft hängen sie einfach dazwischen,
erwischen mit kunstvollen Netzen
belanglose Spalten,
vor allem die alten,
doch manchmal auch frische.
An Zäunen, Gebäuden,
an Büschen und Bäumen
sitzt manches Gespinn
und gibt selbst Verstecken
und schäbigsten Ecken
ganz eigenen Sinn.

Spätsommer-Takelage

Takelage in den Zweigen,
Sonnenschimmer, Silberreigen,
Spinne still in ihrem Netz
sitzt behaglich ganz im Jetzt.

Trapezkünstlerin

Trapezkünstlerin
am seidenen Faden
hängend
tanzend
im Zeitlupenraster
die Beine grazil
am Silberhauch haftend
von Zeit zu Zeit
auch neuen spinnend

Die Spinne

Dort an meinem Fenster
lebt ein kleiner Stern.
Es ist eine Spinne
und ich hab sie gern.

Ich wollte sie am Anfang
möglichst schnell entfernen,
doch war jene Nacht kalt
draußen unter Sternen.
So ließ ich drin sie wohnen,
damit es gut ihr ginge.
Das sollt' sich für mich lohnen:
Ich mocht' bald diese Spinne.

Sie spann sich schnell ein Kunstwerk
von allerfeinstem Garn
und saß ganz ruhig im Zentrum,
wo alle Fäden war'n.
So ziert sie still das Fenster
in hübscher Symmetrie,
als wäre sie schon längst da,
und ich bestaune sie.

Wird's draußen wieder wärmer,
werd ich sie schicken fort.
Dann wird mein Fenster ärmer,
doch saubrer wird's dann dort.

Von Würmern und Stürmern

Patt

Regenwurm und Sonnenwurm,
die schlingern im Gewittersturm.
Da sagt der eine, halb im Wasser:
„Du hast's gut, du magst es nasser."
Und flüchtet schnell zum nächsten Turm.

Sonnenhut und Regenhut
sind beide gut.
Doch kann im schönsten Sonnenschein
nur einer richtig glücklich sein.
Der andre braucht ein bisschen Mut.

So spielt das Leben ganz beflissen
vor den verschiedensten Kulissen
des einen Leid, des andern Glück,
mal geht es vor und mal zurück.
Man wird sich arrangieren müssen.

Fliegenperspektive

Das Sofa hoch von oben hängt
und auch der Tisch davor,
der Lampenschirm gleich einem Kelch
von unten wächst empor.
So säh' die Fliege an der Decke,
die sich ganz leicht dort hält,
wahrscheinlich meine Welt
- wenn sie auch meine Augen hätte.

Übervorteilt

Die Menschen bauten schuftend schwer
den höchsten Brückenpfeiler.
Doch wo kam bloß die Ente her,
die thront drauf, als ob leicht es wär,
und quakt: „Der ist jetzt meiner!"

Von Schwingen und Singen

Januar-Assoziation

Hörst du das Singen der Vögel im Baum?
Schmeckst du die Kirschen im Kuchen?
Der Sommer ist nah, ein lebendiger Traum,
du musst ihn nur ahnungsvoll suchen.

Konzertant

Des Glockenspieles warmer Klang
tönt Gassen, Straßen, Stadt entlang
und singt am Hang noch Melodien.
Die Vögel stimmen ein:
Bam-ba-da-bam und Tiri-li.
Es gibt nicht falsche Töne.
Die Grillen zirpen laut und fein:
Traram-tatam mit Ba-da-bam.
Es musiziert das Schöne.

Pausenschön

Ein großer Rabe auf dem Ast
sitzt gemütlich, macht grad Rast.
Wovon? Ich weiß nicht.
Und wozu?
Vielleicht für gar nichts,
braucht bloß Ruh.

Dachgucker

Es saß ein Vogel auf dem Dach
und dachte sich vielleicht nur: "Ach!",
die Menschen unten still besehend,
nach hier und da und dorthin gehend.
Vielleicht er auch sich gar nichts dacht',
bevor er sich davongemacht'.

Oben

Der Vogel sitzt ganz ungerührt
auf Brunnens hoher Stele,
als ob die Welt ihn nicht berührt'
und niemals ihm was fehle.

Er thront da überm Wasser still
und uns wohl nichts verkünden will,
ist einfach da als Seele.

Team

Vögel tanzen Formationen,
werden Wolke, Traube, Kranz.
Ein Blick hinauf, geschwind, kann lohnen:
„Zusammen", sagt er, „sind sie ganz."

Krähenflug

Freiheit spannt die Flügel aus,
rabenschwarze, am Himmel,
jenseits von Menschengetümmel,
auf leichten Schwingen zieht hinaus
in offne blaue Weite.

Reisewunsch

Flieg, Vogel, flieg
der Weite entgegen,
von der du längst umfangen bist.

Unterschätzt

Es war einmal ein Schmetterling,
ein kleines Schönes-Wetter-Ding,
das, als es um den Retter ging,
so gar nicht an sich dacht'.

Doch hat der kleine Kletterling,
der einfach wirkte nett, gering,
mit seinen feinen Flügeln
den großen Sturm entfacht.

Schmetterlingsflügel

Schmetterlingsflügel:
zerbrechlich, ganz,
zusammen eins
im Wolkentanz.

Von Schafen und Schlafen

Geschaft

Ein Schaf schleicht gern durch manchen Text
und weidet dort, wo man es lässt.
Eh man's bemerkt, es schon verschlang
der Worte harten letzten Klang:
Gemeinschaf, Freundschaf bald entstehen,
gesamtgesellschaflich gesehen.
Vom Essen müd, will's Schaf dann schlafen,
anstatt zu schaffen nur noch *schafen*.

Schaf-Schlaf

Das Schlaf, das ist ein wolkig' Tier,
ist's außen nicht, so ist's in mir.
Durch Träume springt es rauf und runter
und wenn ich schlaf, so ist es munter.
Es ist sehr treu, will bei mir sein,
hüllt mich in Wohlbefinden ein.
Wenn letztlich auch ihr glücklich schlaft,
so freut sich's: Ja, das wär *geschaft*!

Mondschaf

Das Mondschaf lebt im Traumgefilde
und ist darüber gut im Bilde,
was in der innren Welt geschieht,
was in sie dringt, was ihr entflieht.
Es hüllt, was deine Seele spricht,
in Märchenlands verklärtes Licht,
lässt manche Sorgen aus den Fernen
sich lösen hin zu träumend' Sternen.

Känguru-Ruhe

Ich sehe da ein Känguru,
das hat ja beide Augen zu
und schläft zufrieden tief und fest,
solang man es nur träumen lässt.
Natürlich wird's auch wieder springen,
doch will's den Traum erst weiter bringen
und ich seh's schlafen tief und fest,
solang du mich nur träumen lässt.

Von Pfoten und Boten

Der Schweinehund

Ich habe einen großen Hund,
der hält mich fit und auch gesund.
Ich muss ihn füttern, muss ihn pflegen,
braucht er Auslauf, mich bewegen.
Vergess ich's, knurrt er, und und und,
mein treuer innrer Schweinehund.

Hundewetter

Ich bin mir selbst der Hund im Haus:
Egal das Wetter, ich muss raus,
bei Sonne und bei Regenschauer,
bei Wolken, weiß und auch mal grauer.
So seh ich Schritt für Schritt genauer,
wie sich gestaltet unsre Welt,
ob Sonnenstrahl, ob Regen fällt.

Begegnung

Fröhlich wedelnde Seele
kreuzt heute meinen Weg,
läuft auf vier Pfoten
dem Ganz-Sein entgegen
und kennt grad nur diesen Moment.

Pferde

Auf einer Wiese jenseits der Zeit:
Vertrauen in Augen aus Ruhe,
kraftvolle Körper in glänzendem Fell
und jede Menge Seele.

Fensterkatze

Im Dunkeln,
dort, aus hellem Fenster,
schaut schwarzer Katze
grüner Blick,
gemütlich,
fragend,
wissend,
mich suchend,
ins Jetzt hinein ziehend
und ein bisschen zurück.

Wegeskatze

Stilles Wesen
auf dem Weg
sitzt samten,
schaut ins Weite,
zu mir hin
und durch mich durch,
weiß mehr,
sagt nichts,
ist ruhig bewegt
und blickt zur andern Seite.

Heiteres und Weiteres

Stachelbär

Es war einmal ein Stachelschwein,
das wollte nicht alleine sein.
Da zog es seine Stacheln ein
und wurde flauschig weich.

Desgleichen wollt' ein Stachelbär
sich ändern und das sogar sehr.
Er wollt' nicht Tier sein, sondern Strauch.
Na sieh mal an! Das geht ja auch!

Die Bären

Ein Bär hieß Him, der andre Brom
und jener sagte: „Los jetzt, komm!
Lass uns mal Erd und Blau besuchen,
mit ihnen backen einen Kuchen!"
Die beiden standen schon parat
und sprachen: „Wir woll'n Obstsalat."

Von Lerchen und Eulen

Es zwitscherten einst recht besorgt frühe Lerchen,
man solle zu Eulen sie bitte nicht pferchen!
Die seien noch munter in schläfriger Nacht,
verpassten das Tagwerk, wenn Sonne doch lacht.

Derweil jene Eulen am grauenden Morgen
ganz schlaftrunken darlegten andere Sorgen:
Die Lerchen, die sängen des Nachts viel zu früh!
Wenn Zeit man dann hätte, schon weg wären sie.

So konnten die einen mit andern nicht sein.
Die inneren Uhren sich stellten nicht ein,
bis eines Tags doch frohes Zwitschern erklang,
weil endlich ein Treffen zusammen gelang:

Zwischen den Schichten, die ihre Zeit teilten,
manch Lerchen, manch Eulen gemeinsam verweilten,
erfuhren dort Neues, was niemals so wär,
wenn sie nicht ergänzten sich komplementär!

Aufgabe

Ein Faultier war einst recht bequem
und hing ganz faul und angenehm.
Doch wollt' es eines Tages wandern
und setzte einen Fuß vor'n andern.
Der Rest dann wurde zum Problem.

Frosch-Weisheit

Es kam gerade Adebar,
als Frosch in seinem Bade war.
Da dachte dieser: „Alles klar!
Ich warte noch mit meinem Quaken,
lass Adebar im Trüben staken."

Sonnengemeinsam

Auf der Mauer eine Eidechse saß
im Sonnenschein, dem schönen.
Ein Mensch daneben, der dort las,
könnt auch sich dran gewöhnen.